Christmas Stories For Young Dutch Language Learners

Coledown Bilingual Books

Published by Coledown Bilingual Books, 2023.

While every precaution has been taken in the preparation of this book, the publisher assumes no responsibility for errors or omissions, or for damages resulting from the use of the information contained herein.

CHRISTMAS STORIES FOR YOUNG DUTCH LANGUAGE LEARNERS

First edition. November 2, 2023.

Copyright © 2023 Coledown Bilingual Books.

ISBN: 979-8223239499

Written by Coledown Bilingual Books.

Table of Contents

De Kerstwens van Kleine Ida

In een gezellig stadje genaamd Sneeuwdorp, leefde een klein meisje genaamd Ida. Ida was vijf jaar oud en had grote, nieuwsgierige ogen die altijd twinkelden van opwinding. Voor haar was Kerstmis de mooiste tijd van het jaar, en ze kon niet wachten tot de sneeuwvlokken zouden vallen.

Dit jaar was speciaal, want er ging een magisch gerucht door Sneeuwdorp. Ze zeiden dat als je op Kerstavond een wens deed bij de grote sneeuwpop in het park, deze wens uit zou komen. Ida had een bijzondere wens in gedachten.

Op Kerstavond, gekleed in haar warmste winterjas en wanten, ging Ida naar het park. De sneeuwvlokken dwarrelden zachtjes uit de lucht en bedekten de wereld in een glinsterende deken van wit.

Daar, bij de grote sneeuwpop, sloot Ida haar ogen en fluisterde haar wens: "Ik wens dat iedereen in Sneeuwdorp een vrolijke Kerst mag hebben."

Op dat moment gebeurde er iets bijzonders. De sneeuwpop begon te glimlachen en begon te bewegen. Hij reikte uit en nam Ida bij de hand. Samen begonnen ze door Sneeuwdorp te wandelen.

Waar ze ook kwamen, gebeurden magische dingen. De lantaarnpalen begonnen te schijnen, de huizen waren versierd met sprankelende lichtjes en er klonk vrolijke muziek in de straten. Zelfs de dieren leken gelukkig te zijn.

Ida begreep dat haar wens uitgekomen was, en dat de hele stad in een betoverende Kerststemming was. Samen met de sneeuwpop lachte ze, zong ze kerstliedjes en deelde ze warme chocolademelk uit aan iedereen die ze tegenkwamen.

Toen de nacht viel en de sterren aan de hemel schitterden, bracht de sneeuwpop Ida terug naar het park. Hij boog zich voor haar en bedankte haar voor haar mooie wens.

Ida keerde terug naar huis, haar hart vol vreugde en dankbaarheid. Ze wist dat dit de mooiste Kerst ooit was geweest, en het was allemaal dankzij haar bijzondere wens.

Little Ida's Christmas Wish

In a cozy town called Snowville, lived a little girl named Ida. Ida was five years old and had big, curious eyes that always sparkled with excitement. For her, Christmas was the most beautiful time of the year, and she couldn't wait for the snowflakes to fall.

This year was special because there was a magical rumor circulating in Snowville. They said that if you made a wish on Christmas Eve at the big snowman in the park, that wish would come true. Ida had a special wish in mind.

On Christmas Eve, dressed in her warmest winter coat and mittens, Ida went to the park. The snowflakes gently descended from the sky, covering the world in a glistening blanket of white.

There, by the big snowman, Ida closed her eyes and whispered her wish: "I wish that everyone in Snowville may have a merry Christmas."

At that moment, something special happened. The snowman started to smile and began to move. He reached out and took Ida's hand. Together, they started to walk through Snowville.

Wherever they went, magical things happened. The street lamps started to shine, the houses were adorned with sparkling lights, and cheerful music filled the streets. Even the animals seemed to be happy.

Ida understood that her wish had come true, and the whole town was in an enchanting Christmas mood. Together with the snowman, she laughed, sang Christmas carols, and shared hot chocolate with everyone they met.

When night fell, and the stars sparkled in the sky, the snowman brought Ida back to the park. He bowed to her and thanked her for her beautiful wish.

Ida returned home, her heart full of joy and gratitude. She knew that this had been the most beautiful Christmas ever, and it was all thanks to her special wish.

Kerstavontuur in Dromenland

Er was eens een magisch land genaamd Dromenland, waarin de maanden voor Kerstmis altijd gevuld waren met opwinding en verwachting. In Dromenland waren de sterren helderder dan waar dan ook, en de lucht was gevuld met de zoete geur van peperkoek en warme chocolademelk.

In Dromenland woonde een klein elfje genaamd Elina. Ze was een heel lief en nieuwsgierig elfje dat dol was op Kerstmis. Elina droomde ervan om de Kerstman te ontmoeten en hem te helpen met zijn speciale reis.

Op een koude decemberavond, toen de maan hoog aan de hemel stond, besloot Elina dat het tijd was voor haar grote avontuur. Ze trok haar warmste muts en sjaal aan en sloop zachtjes naar de rand van het elfendorp, waar de magische poort naar de echte wereld zich bevond.

Ze stapte door de poort en bevond zich plotseling in een prachtig besneeuwd bos. De bomen glinsterden van de ijskristallen, en de sterren fonkelden boven haar hoofd. Elina rende door de sneeuw en volgde het geluid van belletjes in de verte.

Daar, tussen de bomen, ontdekte ze een groepje rendieren die speelden in de sneeuw. Ze waren zo vriendelijk en nodigden Elina uit om met hen mee te doen. Elina was dolgelukkig en speelde met de rendieren tot ze helemaal bedekt was met sneeuw.

Plotseling hoorde ze een zachte stem die zei: "Wie speelt daar in mijn bos?" Het was de Kerstman zelf! Hij had Elina's avontuur gevolgd en was onder de indruk van haar moed en vrolijkheid.

De Kerstman vroeg Elina om met hem mee te gaan naar de Noordpool, waar ze hem zou kunnen helpen met het inpakken van cadeautjes voor alle brave kinderen over de hele wereld. Elina sprong van vreugde en stapte op de slee van de Kerstman, getrokken door zijn trouwe rendieren.

Samen vlogen ze door de lucht, bezochten ze de elfenwerkplaats en hielpen ze cadeautjes inpakken. Elina genoot van elk moment en voelde de ware betekenis van Kerstmis: het delen van vreugde en liefde met anderen.

Toen de ochtend aanbrak, bracht de Kerstman Elina terug naar Dromenland. Ze was dankbaar voor het mooiste Kerstavontuur ooit en beloofde altijd vriendelijk en behulpzaam te zijn, net zoals de Kerstman.

Sinds die dag was Kerstmis in Dromenland nog specialer, en Elina wist dat Kerstmis draaide om vriendschap, vreugde en het delen van liefde met anderen.

En zo eindigt het kerstverhaal van Elina, het kleine elfje, dat een onvergetelijk avontuur beleefde in Dromenland en de ware magie van Kerstmis ontdekte.

Christmas Adventure in Dreamland

Once upon a time, there was a magical land called Dreamland, where the months leading up to Christmas were always filled with excitement and anticipation. In Dreamland, the stars were brighter than anywhere else, and the air was filled with the sweet scent of gingerbread and hot chocolate.

In Dreamland lived a little fairy named Elina. She was a very sweet and curious fairy who loved Christmas. Elina dreamed of meeting Santa Claus and helping him with his special journey.

On a cold December night, when the moon was high in the sky, Elina decided it was time for her big adventure. She put on her warmest hat and scarf and tiptoed to the edge of the fairy village, where the magical gate to the real world was located.

She stepped through the gate and suddenly found herself in a beautiful snowy forest. The trees glistened with ice crystals, and the stars twinkled above her. Elina ran through the snow and followed the sound of bells in the distance.

There, among the trees, she discovered a group of reindeer playing in the snow. They were so friendly and invited Elina to join them. Elina was overjoyed and played with the reindeer until she was completely covered in snow.

Suddenly, she heard a soft voice saying, "Who is playing in my forest?" It was Santa Claus himself! He had been following

Elina's adventure and was impressed by her courage and cheerfulness.

Santa Claus asked Elina to join him at the North Pole, where she could help him wrap gifts for all the good children all over the world. Elina jumped for joy and hopped on Santa's sleigh, pulled by his faithful reindeer.

Together, they flew through the air, visited the elf workshop, and helped wrap gifts. Elina enjoyed every moment and felt the true meaning of Christmas: sharing joy and love with others.

When morning came, Santa Claus brought Elina back to Dreamland. She was grateful for the most beautiful Christmas adventure ever and promised to always be kind and helpful, just like Santa Claus.

Since that day, Christmas in Dreamland was even more special, and Elina knew that Christmas was about friendship, joy, and sharing love with others.

And so ends the Christmas story of Elina, the little fairy, who had an unforgettable adventure in Dreamland and discovered the true magic of Christmas.

Het Magische Kerstfeest van Remy en de Sneeuwpop

Er was eens een vrolijke jongen genaamd Remy. Hij hield meer van Kerstmis dan van welke andere tijd van het jaar dan ook. De lucht rook naar versgebakken koekjes, de straten waren versierd met fonkelende lichtjes en er lag overal sneeuw. Maar het beste van alles was de mogelijkheid om een sneeuwpop te maken.

Op een heldere ochtend, toen de zon net opkwam en de wereld bedekte met een dikke laag glinsterende sneeuw, rende Remy naar buiten met zijn dikke winterjas en wanten. Hij wilde een sneeuwpop maken die iedereen in het dorp zou verbazen.

Hij rolde sneeuwballen, groot en klein, en begon ze op elkaar te stapelen. Het duurde niet lang voordat hij een sneeuwpop had gemaakt die bijna net zo groot was als hijzelf. Remy gaf de sneeuwpop twee takken als armen en vond enkele steentjes voor de ogen en de mond. Toen knoopte hij een heldere oranje wortel als neus en zette een oude hoed op zijn hoofd.

De sneeuwpop zag er geweldig uit, maar Remy voelde dat er iets ontbrak. Hij dacht diep na en besefte dat zijn sneeuwpop geen naam had. Dus gaf hij hem de naam "Sneeuwvriend."

Die nacht, terwijl Remy in bed lag en naar de sterren keek, gebeurde er iets magisch. Een heldere ster aan de hemel begon te schijnen als nooit tevoren en begon langzaam te dalen. Het was de Kerstster, en hij had Remy's verlangen gehoord.

Toen de Kerstster dichtbij genoeg was, transformeerde hij in een vriendelijke elf. Hij vertelde Remy dat hij was gekomen om zijn sneeuwpop Sneeuwvriend tot leven te wekken voor Kerstmis.

Remy kon zijn ogen niet geloven toen hij zag dat Sneeuwvriend begon te bewegen. De sneeuwpop glimlachte naar Remy en stond op zijn twee sneeuwpoten. Samen begonnen Remy en Sneeuwvriend avonturen te beleven in het magische winterlandschap.

Ze hielpen de kerstman met cadeautjes inpakken, deelden kerstkoekjes met de dieren in het bos en maakten sneeuwballengevechten met de andere kinderen uit het dorp. Remy en Sneeuwvriend lachten, speelden en maakten de mooiste herinneringen.

Toen Kerstmis eindelijk aanbrak, hadden Remy en Sneeuwvriend zoveel vreugde en warmte gedeeld met iedereen om hen heen. Remy begreep dat het echte wonder van Kerstmis niet in de geschenken lag, maar in de liefde en vriendschap die je met anderen deelde.

En zo vierde Remy het meest magische Kerstfeest ooit, met zijn speciale vriend, Sneeuwvriend, die hij nooit zou vergeten.

Remy and the Snowman's Magical Christmas

Once upon a time, there was a cheerful boy named Remy. He loved Christmas more than any other time of the year. The air smelled of freshly baked cookies, the streets were adorned with twinkling lights, and snow covered everything. But best of all, it was the opportunity to build a snowman.

On a clear morning, as the sun was just rising and the world was blanketed in a thick layer of glistening snow, Remy rushed outside in his thick winter coat and mittens. He wanted to create a snowman that would amaze everyone in the village.

He rolled snowballs, big and small, and started stacking them on top of each other. It didn't take long before he had created a snowman nearly as tall as himself. Remy gave the snowman two branches for arms and found some stones for the eyes and mouth. Then he stuck a bright orange carrot as a nose and placed an old hat on its head.

The snowman looked amazing, but Remy felt that something was missing. He thought deeply and realized that his snowman didn't have a name. So, he named him "Snowfriend."

That night, as Remy lay in bed and gazed at the stars, something magical happened. A bright star in the sky began to shine like never before and started descending slowly. It was the Christmas Star, and it had heard Remy's wish.

When the Christmas Star was close enough, it transformed into a friendly elf. He told Remy that he had come to bring his snowman Snowfriend to life for Christmas.

Remy couldn't believe his eyes as he saw Snowfriend starting to move. The snowman smiled at Remy and stood on its two snow legs. Together, Remy and Snowfriend began to have adventures in the magical winter landscape.

They helped Santa Claus wrap presents, shared Christmas cookies with the animals in the forest, and engaged in snowball fights with the other children from the village. Remy and Snowfriend laughed, played, and made the most beautiful memories.

When Christmas finally arrived, Remy and Snowfriend had shared so much joy and warmth with everyone around them. Remy understood that the real magic of Christmas was not in the gifts but in the love and friendship you shared with others.

And so, Remy celebrated the most magical Christmas ever with his special friend, Snowfriend, whom he would never forget.

De Magische Kerstwens van Timmy en de Betoverde Kerstboom

Er was eens een vrolijke jongen genaamd Timmy, die in een gezellig huisje aan de rand van een sprookjesachtig bos woonde. Timmy hield van de kersttijd, wanneer de wereld werd bedekt met een dikke laag sneeuw en de lucht gevuld was met de geur van kerstbomen.

Dit jaar was echter anders voor Timmy. Zijn familie was druk bezig en had geen tijd om een kerstboom te versieren. Timmy voelde zich een beetje verdrietig, want hij hield van de fonkelende lichtjes en kleurrijke versieringen die de kerstboom altijd vulden.

Op een koude decemberavond, terwijl Timmy naar de besneeuwde wereld buiten staarde, zag hij een heldere ster aan de hemel. In dat magische moment wenste hij dat hij een betoverde kerstboom had die zichzelf kon versieren.

En raad eens wat er gebeurde? Zijn wens werd werkelijkheid! Plotseling begon de kleine dennenboom in de tuin te schitteren en te bewegen. Takken buigen zich in de vorm van kleurrijke slingers, ballen dwarrelden uit de lucht en lichtjes knipperden als sterren.

De kerstboom, die nu tot leven was gekomen, begon te lachen en knikte naar Timmy. Hij stelde zichzelf voor als Benny de

Betoverde Kerstboom en beloofde Timmy de meest betoverende kerstervaring ooit.

Samen gingen Timmy en Benny de stad in om iedereen te verbazen met hun betoverende boom. De mensen in de stad konden hun ogen niet geloven toen ze de magische kerstboom zagen. Kinderen lachten, volwassenen glimlachten en zelfs de dieren leken blij te zijn.

Terwijl de kerstdagen naderden, deelden Timmy en Benny hun magie met anderen. Ze zongen kerstliedjes, deelden cadeautjes uit en brachten vreugde in de harten van de mensen. Timmy begreep dat kerst draaide om delen, liefde en vriendelijkheid.

De sterren schitterden helderder dan ooit en de lucht vulde zich met magie. Timmy's wens werd gehoord en vervuld. Kerst bracht vreugde en vrede in ieders hart, overal ter wereld.

Timmy's Magical Christmas Wish and the Enchanted Christmas Tree

Once upon a time, there was a cheerful boy named Timmy who lived in a cozy cottage on the edge of an enchanting forest. Timmy loved the Christmas season when the world was covered in a thick layer of snow, and the air was filled with the scent of Christmas trees.

However, this year was different for Timmy. His family was busy and had no time to decorate a Christmas tree. Timmy felt a little sad because he loved the sparkling lights and colorful decorations that always filled the Christmas tree.

On a cold December evening, while Timmy gazed at the snowy world outside, he saw a bright star in the sky. In that magical moment, he wished for an enchanted Christmas tree that could decorate itself.

And guess what happened? His wish came true! Suddenly, the small pine tree in the garden began to shimmer and move. Branches bent into the shape of colorful garlands, ornaments fell from the sky, and lights twinkled like stars.

The Christmas tree, now brought to life, started to laugh and nodded at Timmy. It introduced itself as Benny, the Enchanted Christmas Tree, and promised Timmy the most enchanting Christmas experience ever.

Together, Timmy and Benny went into town to amaze everyone with their magical tree. The people in town couldn't believe their eyes when they saw the enchanted Christmas tree. Children laughed, adults smiled, and even the animals seemed to be happy.

As the Christmas days approached, Timmy and Benny shared their magic with others. They sang Christmas carols, handed out gifts, and brought joy to people's hearts. Timmy understood that Christmas was about sharing, love, and kindness.

The stars shone brighter than ever, and the air filled with magic. Timmy's wish was heard and granted. Christmas brought joy and peace to everyone's hearts all over the world.

Het Kerstavontuur van Kleine Lina

In een schilderachtig dorpje, omringd door besneeuwde bossen, leefde een klein meisje genaamd Lina. Ze was zes jaar oud en had grote, nieuwsgierige ogen die altijd glinsterden van opwinding. Kerst was haar favoriete tijd van het jaar, en ze kon niet wachten om te zien wat dit jaar zou brengen.

Lina woonde met haar ouders en haar liefste knuffel, een teddybeer genaamd Pluisje. Ze woonden in een gezellig huis met een open haard waar ze kerstliedjes zongen en warme chocolademelk dronken. Maar dit jaar was anders, want er was een speciale ster die aan de hemel verscheen.

Op een koude decemberavond, terwijl Lina naar de fonkelende lichtjes in de stad keek, merkte ze de helderste ster die ze ooit had gezien. De ster leek naar haar te twinkelen, alsof hij een geheim had dat hij met Lina wilde delen.

Lina besloot de ster te volgen. Ze kroop uit bed, nam Pluisje stevig in haar armen en sloop naar buiten. De lucht was ijzig, maar de ster leidde haar door de donkere nacht.

Ze volgde de ster door het dorp en over besneeuwde velden, tot ze bij een betoverd bos aankwam. Daar ontmoette ze een groep vriendelijke dieren die haar vertelden over de magie van Kerstmis en de ster die dromen liet uitkomen.

Lina dacht diep na over wat haar droom was. Ze wilde dat alle kinderen over de wereld een vrolijke Kerst zouden hebben, vol warmte en liefde. Ze deelde haar wens met de dieren, en ze glimlachten en knikten goedkeurend.

Plotseling, terwijl Lina naar de ster keek, begon hij te fonkelen en een sprankelende gloed om zich heen te verspreiden. De ster veranderde in een vriendelijke elf en zei: "Jouw wens is gehoord, Lina. Je zult de kans krijgen om de magie van Kerstmis met anderen te delen."

Lina werd meegenomen naar de werkplaats van de kerstman, waar ze hielp met het inpakken van cadeautjes en het versieren van de kerstboom. Ze voelde zich als een echte kerstelf en genoot van elk moment.

Op Kerstavond, toen Lina en Pluisje thuiskwamen, vonden ze een speciale verrassing onder de kerstboom: een brief van de sterrenelf waarin stond dat Lina's wens was uitgekomen. Alle kinderen over de hele wereld hadden een vrolijke Kerst, dankzij de magische ster en Lina's liefdevolle hart.

Lina glimlachte en omhelsde Pluisje stevig. Ze wist dat Kerstmis draaide om liefde, vriendschap en het delen van vreugde met anderen. En zo vierde Lina het mooiste Kerstavontuur ooit.

Little Lina's Christmas Adventure

In a picturesque village, surrounded by snowy forests, lived a little girl named Lina. She was six years old, and her big, curious eyes always sparkled with excitement. Christmas was her favorite time of the year, and she couldn't wait to see what this year would bring.

Lina lived with her parents and her dearest teddy bear, a teddy bear named Fluffy. They lived in a cozy house with a fireplace where they sang Christmas carols and drank hot chocolate. But this year was different because there was a special star that appeared in the sky.

On a cold December evening, while Lina gazed at the twinkling lights in the town, she noticed the brightest star she had ever seen. The star seemed to twinkle at her, as if it had a secret it wanted to share with Lina.

Lina decided to follow the star. She crept out of bed, held Fluffy tightly in her arms, and sneaked outside. The air was icy, but the star led her through the dark night.

She followed the star through the village and across snowy fields until she reached an enchanted forest. There, she met a group of friendly animals who told her about the magic of Christmas and the star that made dreams come true.

Lina thought deeply about what her dream was. She wished for all children around the world to have a joyful Christmas, filled with warmth and love. She shared her wish with the animals, and they smiled and nodded in approval.

Suddenly, as Lina looked at the star, it began to twinkle and spread a sparkling glow around itself. The star transformed into a friendly elf and said, "Your wish has been heard, Lina. You will have the chance to share the magic of Christmas with others."

Lina was taken to Santa's workshop, where she helped wrap gifts and decorate the Christmas tree. She felt like a real Christmas elf and enjoyed every moment.

On Christmas Eve, when Lina and Fluffy returned home, they found a special surprise under the Christmas tree: a letter from the star elf stating that Lina's wish had come true. All children around the world had a joyful Christmas, thanks to the magical star and Lina's loving heart.

Lina smiled and hugged Fluffy tightly. She knew that Christmas was about love, friendship, and sharing joy with others. And so, Lina celebrated the most beautiful Christmas adventure ever.

Het Avontuur van Sterretje

In een klein dorpje, omringd door met sneeuw bedekte heuvels en fonkelende sterren, leefde een sprankelend meisje genaamd Sterretje. Ze had ogen die schitterden als de helderste sterren aan de nachtelijke hemel. Sterretje hield ontzettend veel van de kersttijd, en ze keek er elk jaar weer naar uit.

Dit jaar was speciaal, want Sterretje had een grote droom. Ze wilde de meest vrolijke kerstboom ooit versieren, maar er was een probleem. In haar dorp waren alle kerstbomen kaal en zonder enige versiering. Niemand leek in de stemming te zijn voor Kerstmis.

Sterretje besloot om daar verandering in te brengen. Ze wilde dat iedereen in haar dorp de magie van Kerstmis zou voelen. Ze begon met het verzamelen van takjes, glanzende ballen en kleurrijke linten. Ze werkte hard om de perfecte kerstboom te maken.

Terwijl Sterretje bezig was met het versieren van de kerstboom, keek ze naar de sterren aan de hemel en deed ze een wens. Ze wenste dat haar kerstboom echt vrolijk en magisch zou worden, zodat iedereen gelukkig zou zijn.

Plotseling, toen Sterretje de laatste versiering aan de boom hing, gebeurde er iets wonderbaarlijks. De boom begon te stralen en te dansen, en de versieringen kwamen tot leven. Kleine lichtjes sprankelden als sterren, en de ballen rolden vrolijk over de takken.

Sterretje lachte van vreugde terwijl ze zag dat haar wens was uitgekomen. De kerstboom was nu echt vrolijk en magisch.

De mensen in het dorp hoorden over Sterretje's bijzondere kerstboom en kwamen samen om hem te bewonderen. Ze lachten, zongen kerstliederen en deelden warmte en liefde. De kerstboom straalde van blijdschap en vulde iedereen met een warm gevoel van Kerstmis.

Op kerstavond, toen Sterretje naast haar vrolijke kerstboom zat, dacht ze aan haar wens en hoe die uitkwam. Ze besefte dat Kerstmis niet draaide om de cadeautjes of de versieringen, maar om het delen van vreugde en liefde met anderen.

En zo vierde Sterretje het mooiste Kerstavontuur ooit, met haar vrolijke kerstboom en de mensen van haar dorp.

Starlet's Adventure

In a small village, surrounded by snow-covered hills and twinkling stars, lived a sparkling girl named Starlet. She had eyes that sparkled like the brightest stars in the night sky. Starlet loved Christmas time very much and looked forward to it every year.

This year was special because Starlet had a big dream. She wanted to decorate the merriest Christmas tree ever, but there was a problem. In her village, all the Christmas trees were bare and without any decoration. Nobody seemed to be in the Christmas spirit.

Starlet decided to change that. She wanted everyone in her village to feel the magic of Christmas. She began by collecting twigs, shiny balls, and colorful ribbons. She worked hard to create the perfect Christmas tree.

While Starlet was busy decorating the tree, she looked up at the stars in the sky and made a wish. She wished that her Christmas tree would truly be merry and magical, so that everyone would be happy.

Suddenly, as Starlet hung the last ornament on the tree, something wonderful happened. The tree began to glow and dance, and the decorations came to life. Tiny lights sparkled like stars, and the balls rolled merrily on the branches.

Starlet laughed with joy as she saw that her wish had come true. The Christmas tree was now truly merry and magical.

The people in the village heard about Starlet's special Christmas tree and came together to admire it. They laughed, sang Christmas carols, and shared warmth and love. The Christmas tree radiated joy and filled everyone with a warm feeling of Christmas.

On Christmas Eve, as Starlet sat beside her merry Christmas tree, she thought about her wish and how it had come true. She realized that Christmas wasn't about the gifts or the decorations, but about sharing joy and love with others.

And so, Starlet celebrated the most beautiful Christmas adventure ever, with her merry Christmas tree and the people of her village.

Het Magische Kerstavontuur van Karel de Kerstmuis

In een knus hol onder een dikke laag sneeuw woonde een kleine muis genaamd Karel. Karel was een nieuwsgierige en vriendelijke muis die altijd uitkeek naar de kersttijd. In zijn hol, dat was versierd met glinsterende ijspegels, droomde hij van een speciale kerst.

Dit jaar was echter anders. Er heerste een sombere stemming in het bos. De dieren waren druk bezig met hun dagelijkse taken en niemand leek te denken aan Kerstmis. Karel wilde hier verandering in brengen. Hij wilde de magie van Kerstmis terugbrengen in het bos.

Op een koude decemberavond, terwijl de sterren aan de hemel fonkelden, besloot Karel op een avontuur te gaan. Hij trok zijn warmste muts en sjaal aan en glipte zijn hol uit. Hij sloop door de besneeuwde bossen en volgde het zachte geluid van kerstliedjes.

Uiteindelijk kwam Karel bij een oud en verlaten huisje diep in het bos. Het huisje straalde een warm licht uit, en Karel hoorde vrolijke stemmen en gelach van binnen. Hij sloop naar het raam en gluurde naar binnen.

Daar ontdekte Karel de kerstman en zijn elfen, die hard aan het werk waren om cadeautjes in te pakken. De kerstman was bezorgd omdat hij dacht dat de mensen in het bos Kerstmis waren vergeten.

Karel kon het niet aanzien dat de kerstman zo bedroefd was. Hij kroop het huisje binnen en stelde zich voor aan de kerstman en de elfen. Hij vertelde hen over zijn droom om de magie van Kerstmis terug te brengen in het bos.

De kerstman glimlachte en vroeg Karel om hem te helpen. Samen met de elfen en de andere dieren uit het bos maakte Karel prachtige kerstversieringen en verspreidde hij vreugde in het bos. De bomen werden versierd met lichtjes, de dieren zongen kerstliederen en er hing een betoverende sfeer in de lucht.

Toen Kerstmis eindelijk aanbrak, werd het bos verlicht door de magie van Kerstmis. De dieren lachten, de bomen twinkelden en de kerstman bedankte Karel voor zijn hulp.

Karel besefte dat de ware betekenis van Kerstmis niet in cadeautjes ligt, maar in vriendschap en het delen van vreugde met anderen. En hij had zijn speciale kerstavontuur gehad, waarin hij de magie van Kerstmis had hersteld.

Karel the Christmas Mouse's Magical Christmas Adventure

In a cozy burrow under a thick layer of snow, lived a little mouse named Karel. Karel was a curious and friendly mouse who always looked forward to the Christmas season. In his burrow, adorned with glistening icicles, he dreamt of a special Christmas.

However, this year was different. There was a somber atmosphere in the forest. The animals were busy with their daily tasks, and nobody seemed to be thinking about Christmas. Karel wanted to change that. He wished to bring back the magic of Christmas to the forest.

On a cold December evening, while the stars sparkled in the sky, Karel decided to go on an adventure. He put on his warmest hat and scarf and sneaked out of his burrow. He tiptoed through the snowy woods, following the soft sound of Christmas carols.

Eventually, Karel arrived at an old, abandoned cottage deep in the forest. The cottage emitted a warm light, and Karel heard cheerful voices and laughter from inside. He approached the window and peeked inside.

There, Karel discovered Santa Claus and his elves hard at work wrapping presents. Santa Claus appeared concerned, thinking that the people in the forest had forgotten about Christmas.

Karel couldn't bear to see Santa Claus so sad. He sneaked inside the cottage and introduced himself to Santa Claus and the elves. He told them about his dream to bring back the magic of Christmas to the forest.

Santa Claus smiled and asked Karel to help him. Together with the elves and the other animals from the forest, Karel created beautiful Christmas decorations and spread joy throughout the forest. The trees were adorned with lights, the animals sang Christmas carols, and there was an enchanting atmosphere in the air.

When Christmas finally arrived, the forest was aglow with the magic of Christmas. The animals laughed, the trees twinkled, and Santa Claus thanked Karel for his help.

Karel realized that the true meaning of Christmas isn't in presents but in friendship and sharing joy with others. He had his special Christmas adventure, where he had restored the magic of Christmas.

De Tovertrein

In een gezellig stadje genaamd Winterdorp, leefde een vrolijk jongetje genaamd Wouter. Wouter was zes jaar oud en had fonkelende ogen vol verwondering. Voor hem was Kerstmis de mooiste tijd van het jaar, en hij kon niet wachten tot de magie zou beginnen.

Dit jaar was extra bijzonder, want het Winterdorp stond bekend om zijn betoverende tovertrein. Elk jaar op Kerstavond vertrok de trein op een magische reis door de besneeuwde heuvels en over bevroren meren. Wouter had er al maanden naar uitgekeken.

Op Kerstavond, toen de maan hoog aan de hemel stond en de sterren helder fonkelden, haastte Wouter zich naar het treinstation met zijn dikke sjaal en muts. De lucht was ijzig koud, maar hij voelde een warme gloed van opwinding.

De tovertrein stond op het punt te vertrekken, en Wouter sprong aan boord. Hij vond een gezellig plekje bij het raam en keek naar buiten terwijl de trein begon te rijden.

De reis met de tovertrein was werkelijk magisch. De besneeuwde landschappen flitsten voorbij, en de trein bracht betoverende melodieën voort terwijl hij door het Winterdorp gleed.

Onderweg ontmoette Wouter vriendelijke elfen die kerstliedjes zongen, rendieren die speels in de sneeuw sprongen, en zelfs de Kerstman zelf, die cadeautjes uitdeelde aan iedereen aan boord.

Terwijl de trein verder reed, stopte hij bij het betoverende IJspaleis, waar alles glinsterde en schitterde. Hier dansten de sneeuwvlokken als feeën en kon je de heerlijkste kerstlekkernijen proeven.

Uiteindelijk keerde de tovertrein terug naar Winterdorp. Wouter stapte uit, zijn hart vervuld van vreugde en verwondering. Hij wist dat dit het mooiste Kerstavontuur van zijn leven was geweest.

Thuis aangekomen, kroop Wouter onder zijn warme dekens en sloot zijn ogen, wetende dat de magie van Kerstmis overal om hem heen was. Hij droomde van de tovertrein en de wonderen die hij had gezien.

En zo vierde Wouter de meest magische Kerst ooit, in de wetenschap dat de ware betekenis van Kerstmis in vreugde, verwondering en de liefde van dierbaren lag.

The Enchanted Train

In a cozy little town called Winter Village, lived a cheerful boy named Wouter. Wouter was six years old and had sparkling eyes full of wonder. For him, Christmas was the most beautiful time of the year, and he couldn't wait for the magic to begin.

This year was extra special because Winter Village was known for its enchanted magic train. Every Christmas Eve, the train embarked on a magical journey through snowy hills and over frozen lakes. Wouter had been looking forward to it for months.

On Christmas Eve, when the moon was high in the sky and the stars sparkled brightly, Wouter rushed to the train station with his thick scarf and hat. The air was icy cold, but he felt a warm glow of excitement.

The magic train was about to depart, and Wouter jumped aboard. He found a cozy spot by the window and looked outside as the train began to move.

The journey on the magic train was truly enchanting. The snowy landscapes whizzed by, and the train emitted magical melodies as it glided through Winter Village.

Along the way, Wouter met friendly elves singing Christmas carols, reindeer playfully jumping in the snow, and even Santa Claus himself, handing out gifts to everyone on board.

As the train continued on its journey, it stopped at the enchanting Ice Palace, where everything glistened and sparkled. Here, snowflakes danced like fairies, and you could taste the most delicious Christmas treats.

Finally, the magic train returned to Winter Village. Wouter disembarked, his heart filled with joy and wonder. He knew that this had been the most beautiful Christmas adventure of his life.

Back at home, Wouter crawled under his warm blankets and closed his eyes, knowing that the magic of Christmas was all around him. He dreamed of the magic train and the wonders he had seen.

And so, Wouter celebrated the most magical Christmas ever, knowing that the true meaning of Christmas lay in joy, wonder, and the love of loved ones.

Het Magische Kerstavontuur van Tim

In een klein dorpje met besneeuwde straten woonde een nieuwsgierig jongetje genaamd Tim. Hij was vijf jaar oud en hield van de magie van Kerstmis. Het mooiste moment van het jaar was voor hem de avond voor Kerst.

Op een bijzondere Kerstavond besloot Tim een avontuur te beleven. Hij kroop uit bed en ging zachtjes de trap af, op zoek naar de betovering van de nacht.

Toen Tim buiten kwam, zag hij de wereld gehuld in een zilveren gloed van de maan en de glinstering van de sneeuw. Hij voelde de koude winterlucht op zijn wangen en ademde diep in.

Terwijl hij rondliep, keek Tim omhoog naar de heldere sterrenhemel. Een ster viel uit de lucht en Tim sloeg snel een wens. Hij wilde dat iedereen in de wereld een warme en gelukkige Kerst zou hebben.

Plotseling begon de ster te stralen en leidde Tim verder. Het bracht hem naar een prachtig bos dat schitterde als een sprookje. In het bos ontmoette Tim een vriendelijke groep dieren die hem begroetten met kerstliederen.

Samen met de dieren, wandelde Tim diep in het bos en vond een prachtige, fonkelende kerstboom. De boom leek te glimlachen en Tim voelde een warme gloed vanbinnen.

Tim begon de boom te versieren met kleurrijke ballen, glinsterende slingers en fonkelende lichtjes. Terwijl hij dat deed, voelde hij een diepe vreugde en liefde in zijn hart.

Op een gegeven moment kwamen andere kinderen uit het dorp naar het bos en sloten zich aan bij Tim. Samen versierden ze de boom en zongen kerstliederen, terwijl de sterren boven hen glinsterden.

Toen ze klaar waren, veranderde de boom in een betoverende kerstboom. Hij begon te schijnen en verspreidde een warm licht over het hele bos. De kinderen en dieren voelden zich gelukkig en verbonden met elkaar.

Uiteindelijk keerde Tim terug naar huis, vol dankbaarheid en vreugde. Hij wist dat deze Kerstavond voor altijd in zijn hart zou blijven als een magisch avontuur.

Tim's Magical Christmas Adventure

In a small village with snow-covered streets lived a curious boy named Tim. He was five years old and loved the magic of Christmas. The most beautiful moment of the year for him was the night before Christmas.

On a special Christmas Eve, Tim decided to embark on an adventure. He crept out of bed and quietly went downstairs, searching for the enchantment of the night.

As Tim stepped outside, he saw the world bathed in a silver glow from the moon and the glistening of the snow. He felt the cold winter air on his cheeks and took a deep breath.

While he wandered, Tim looked up at the clear starry sky. A star fell from the sky, and Tim quickly made a wish. He wished that everyone in the world would have a warm and happy Christmas.

Suddenly, the star began to shine and led Tim further. It brought him to a beautiful forest that sparkled like a fairy tale. In the forest, Tim met a friendly group of animals who greeted him with Christmas carols.

Together with the animals, Tim walked deep into the forest and found a magnificent, sparkling Christmas tree. The tree seemed to smile, and Tim felt a warm glow inside.

Tim started to decorate the tree with colorful ornaments, glittering garlands, and sparkling lights. As he did, he felt a deep sense of joy and love in his heart.

At one point, other children from the village came to the forest and joined Tim. Together, they decorated the tree and sang Christmas carols while the stars above them sparkled.

When they were done, the tree transformed into an enchanting Christmas tree. It began to shine and cast a warm light over the entire forest. The children and animals felt happy and connected with each other.

Finally, Tim returned home, full of gratitude and joy. He knew that this Christmas Eve would forever stay in his heart as a magical adventure.

De Magische Kerstwens van Mientje

In een klein dorpje aan de rand van het bos woonde een lief meisje genaamd Mientje. Ze had grote, fonkelende ogen en een hart vol vreugde. Mientje hield van de kersttijd, wanneer de wereld bedekt was met een zachte deken van sneeuw en iedereen lachte.

Dit jaar was echter anders, want er was een klein probleem in het dorp. De mensen waren hun vreugde voor Kerstmis kwijtgeraakt. Er was geen versiering, geen gelach, en geen sprankeling in hun ogen. Mientje wilde dat de magie van Kerstmis terugkeerde naar haar dorp.

Op een heldere decemberavond, terwijl de sterren aan de hemel schitterden, besloot Mientje iets bijzonders te doen. Ze knoopte haar warmste sjaal om en trok haar laarzen aan, klaar voor een avontuur.

Ze volgde het geluid van belletjes dat haar leidde naar het betoverende bos achter het dorp. Daar ontdekte Mientje een groep vriendelijke elfen die verdrietig waren omdat ze niet wisten hoe ze de vreugde van Kerstmis konden herstellen.

Mientje glimlachte en vertelde hen over haar droom om het dorp weer te laten stralen van kerstvreugde. De elfen keken elkaar aan en knikten goedkeurend. Ze gaven Mientje een toverstokje waarmee ze wensen kon laten uitkomen.

Mientje keerde terug naar het dorp met haar toverstokje en begon wensen van vreugde en liefde te verspreiden. Ze toverde fonkelende lichtjes in de bomen, liet de sneeuwvlokken dansen en bracht glimlachen op de gezichten van de mensen.

Langzaam begon de vreugde van Kerstmis terug te keren naar het dorp. De mensen begonnen elkaar te begroeten met een lach en de huizen werden versierd met kleurrijke slingers. Iedereen begon in de kerststemming te komen.

Op Kerstavond, toen Mientje met haar toverstokje onder de fonkelende sterren stond, deed ze een speciale wens. Ze wenste dat de magie van Kerstmis in de harten van alle mensen over de wereld zou schijnen.

De sterren fonkelden helderder dan ooit, en de lucht vulde zich met magie. Mientjes wens ging in vervulling, en de gehele wereld was gevuld met de betovering van Kerstmis.

Mientje's Magical Christmas Wish

In a small village on the edge of the forest lived a sweet girl named Mientje. She had big, sparkling eyes and a heart full of joy. Mientje loved the Christmas season, when the world was covered in a soft blanket of snow, and everyone was smiling.

However, this year was different because there was a little problem in the village. The people had lost their Christmas spirit. There were no decorations, no laughter, and no twinkle in their eyes. Mientje wanted to bring the magic of Christmas back to her village.

On a clear December evening, while the stars were shining in the sky, Mientje decided to do something special. She wrapped her warmest scarf around her and put on her boots, ready for an adventure.

She followed the sound of bells that led her to the enchanting forest behind the village. There, Mientje discovered a group of friendly elves who were sad because they didn't know how to restore the joy of Christmas.

Mientje smiled and told them about her dream to make the village shine with Christmas joy again. The elves looked at each other and nodded in agreement. They gave Mientje a magic wand that could make wishes come true.

Mientje returned to the village with her magic wand and started spreading wishes of joy and love. She conjured twinkling lights in the trees, made snowflakes dance, and brought smiles to people's faces.

Slowly, the Christmas spirit began to return to the village. People started greeting each other with smiles, and the houses were decorated with colorful garlands. Everyone was getting into the Christmas mood.

On Christmas Eve, as Mientje stood under the sparkling stars with her magic wand, she made a special wish. She wished that the magic of Christmas would shine in the hearts of all people around the world.

The stars sparkled brighter than ever, and the air filled with magic. Mientje's wish came true, and the entire world was filled with the enchantment of Christmas.

De Avonturen van Kat en de Lachende Sneeuwman

Op een koude, heldere ochtend in een gezellig dorp, liep Kat door de besneeuwde straten. Ze genoot van de winter en de magie van Kerstmis. Terwijl ze wandelde, merkte ze iets bijzonders op in het park: een grote, lachende sneeuwman.

De sneeuwman was anders dan alle anderen. In plaats van gewoon stilstaan, bewoog hij zijn takken als armen en zong vrolijke kerstliedjes. Kat was verbaasd en wilde graag met de grappige sneeuwman praten.

"Hallo!" miauwde Kat vriendelijk.

De sneeuwman draaide zich naar haar toe en glimlachte. "Hallo, Kat! Wat brengt jou hier op deze mooie dag voor Kerstmis?"

Kat vertelde de sneeuwman over haar liefde voor de winter en Kerstmis. Ze vroeg of de sneeuwman met haar wilde spelen en samen de vreugde van Kerstmis delen.

De sneeuwman stemde enthousiast in. Samen maakten ze een prachtige sneeuwpop, versierd met glinsterende lichtjes en kleurrijke linten. Ze zongen kerstliederen en dansten in de sneeuw.

Terwijl ze aan het spelen waren, zagen ze kinderen vanuit het dorp naar hen toe rennen. De kinderen waren opgewonden om de lachende sneeuwman te ontmoeten en sloten zich aan bij het feest. Ze speelden samen in de sneeuw en maakten zelfs een sneeuwfort.

Na een dag vol plezier en gelach, bedankte Kat de sneeuwman voor de geweldige tijd. De sneeuwman glimlachte en beloofde dat hij elk jaar terug zou komen om samen Kerstmis te vieren.

Op Kerstavond, toen de sterren aan de hemel schitterden, zat Kat bij het raam en keek naar buiten. Ze zag de lachende sneeuwman in de verte staan, omringd door glinsterende lichtjes.

Kat wist dat Kerstmis een tijd was van vreugde, vriendschap en delen. En ze wist dat ze altijd een speciale vriend had gevonden in de lachende sneeuwman.

The Adventures of Cat and the Laughing Snowman

On a cold, crisp morning in a cozy village, Cat strolled through the snow-covered streets. She enjoyed the winter and the magic of Christmas. As she walked, she noticed something special in the park: a large, laughing snowman.

The snowman was unlike any other. Instead of just standing still, he moved his twig arms and sang cheerful Christmas songs. Cat was amazed and wanted to talk to the funny snowman.

"Hello!" she meowed cheerfully.

The snowman turned to her and smiled. "Hello, Cat! What brings you here on this beautiful day before Christmas?"

Cat told the snowman about her love for winter and Christmas. She asked if the snowman would like to play with her and share the joy of Christmas together.

The snowman eagerly agreed. Together, they built a beautiful snowman adorned with sparkling lights and colorful ribbons. They sang Christmas carols and danced in the snow.

While they were playing, they saw children from the village running toward them. The children were excited to meet the laughing snowman and joined in the festivities. They played together in the snow and even built a snow fort.

After a day of fun and laughter, Cat thanked the snowman for the wonderful time. The snowman smiled and promised to come back every year to celebrate Christmas together.

On Christmas Eve, as the stars twinkled in the sky, Cat sat by the window and looked outside. She saw the laughing snowman standing in the distance, surrounded by sparkling lights.

Cat knew that Christmas was a time of joy, friendship, and sharing. And she knew that she had found a special friend in the laughing snowman.

Het Avontuur van het Peperkoeken Huisje

In een betoverend dennenbos, bedekt met een dikke laag glinsterende sneeuw, stond een schattig peperkoeken huisje. Het huisje was niet zomaar een gewoon huisje; het was magisch.

Dit speciale peperkoeken huisje werd bewoond door een vriendelijke peperkoeken jongetje genaamd Koen. Koen had een glimlach van suiker en knoopjes van chocolade. Hij hield van Kerstmis en droomde ervan om iets speciaals te doen voor de feestdagen.

Op een koude decemberochtend, terwijl de zon zich verstopte achter de wolken, besloot Koen om een magisch avontuur te beleven. Hij nam zijn suikerstok en zijn suikersuikers mee, en sloop stilletjes uit zijn peperkoeken huisje.

Hij wandelde door het betoverende bos en merkte de geur van vers gevallen sneeuw en dennenbomen op. Toen, plotseling, hoorde hij zachte muziek. Het leek wel kerstliederen te zijn.

Koen volgde het geluid en ontdekte een groepje bosdieren die een kerstfeest vierden. Ze hadden een versierde kerstboom en zongen liedjes rond een knapperend vuur.

De dieren begroetten Koen met blijdschap en nodigden hem uit om mee te doen. Koen voelde zich warm en gelukkig in hun gezelschap. Samen zongen ze kerstliederen en deelden kerstlekkernijen.

Toen Koen weer naar huis ging, besloot hij dat hij iets bijzonders wilde doen voor zijn nieuwe vrienden. Hij begon zijn peperkoeken huisje te versieren met suikerhartjes en snoepklokken, en zelfs zijn dak met glazuur.

Het peperkoeken huisje zag eruit als een betoverend kersthuis, en Koen wist dat zijn vrienden het geweldig zouden vinden.

Hij nodigde de bosdieren uit voor een kerstfeest in zijn magische peperkoeken huisje. De dieren kwamen allemaal, en het werd het mooiste kerstfeest dat ze ooit hadden meegemaakt.

Ze lachten, zongen, en deelden verhalen bij het knapperende vuur. Het peperkoeken huisje straalde van vreugde en liefde.

Toen het tijd was om afscheid te nemen, bedankten de dieren Koen voor zijn vriendelijkheid en gastvrijheid. Ze vertelden hem dat hij hun kerst onvergetelijk had gemaakt.

Koen glimlachte en keek naar zijn magische peperkoeken huisje. Hij wist dat Kerstmis draaide om vriendschap en delen, en dat zijn hart nu gevuld was met de warmte van de feestdagen.

The Adventure of the Gingerbread House

———

In an enchanting pine forest covered in a thick layer of glistening snow stood an adorable gingerbread house. This house was not just an ordinary house; it was magical.

This special gingerbread house was inhabited by a friendly gingerbread boy named Koen. Koen had a sugar-sweet smile and chocolate button eyes. He loved Christmas and dreamt of doing something special for the holidays.

On a cold December morning, as the sun hid behind the clouds, Koen decided to embark on a magical adventure. He took his candy cane and sugar sweets, sneaking quietly out of his gingerbread house.

He strolled through the enchanting forest, sensing the scent of freshly fallen snow and pine trees. Suddenly, he heard soft music – it sounded like Christmas carols.

Koen followed the sound and discovered a group of woodland animals celebrating Christmas. They had a decorated Christmas tree and were singing songs around a crackling fire.

The animals greeted Koen with joy and invited him to join. Koen felt warm and happy in their company. Together, they sang Christmas carols and shared Christmas treats.

When Koen returned home, he decided he wanted to do something special for his new friends. He began decorating his gingerbread house with sugar hearts, candy clocks, and even icing on the roof.

The gingerbread house looked like a magical Christmas home, and Koen knew his friends would love it.

He invited the woodland animals to a Christmas party at his magical gingerbread house. All the animals came, and it became the most beautiful Christmas party they had ever experienced.

They laughed, sang, and shared stories by the crackling fire. The gingerbread house radiated with joy and love.

When it was time to say goodbye, the animals thanked Koen for his kindness and hospitality. They told him that he had made their Christmas unforgettable.

Koen smiled and looked at his magical gingerbread house. He knew that Christmas was about friendship and sharing, and his heart was now filled with the warmth of the holidays.

De Magische Kerstster en het Verdwaalde Konijntje

In een vredig bos, bedekt met een dikke laag glinsterende sneeuw, bereidde het dierenrijk zich voor op Kerstmis. De dieren waren druk bezig met hun voorbereidingen voor het grote feest, en er hing een magische sfeer in de lucht.

Maar ergens aan de rand van het bos, verstopt onder een dikke laag sneeuw, zat een verdwaald konijntje genaamd Lotje. Lotje was verdwaald tijdens een sneeuwstorm en wist niet hoe ze thuis moest komen. Ze voelde zich eenzaam en bang in de koude, donkere nacht.

Net op dat moment verscheen er een schitterende kerstster aan de hemel. De ster straalde helderder dan alle andere sterren en leek Lotje een teken van hoop te geven.

De kerstster daalde zachtjes neer en kwam dichterbij Lotje. Ze fluisterde bemoedigende woorden en vroeg: "Wat is er, lief konijntje?"

Lotje vertelde de kerstster over haar verdwaalde toestand en hoe graag ze haar familie weer wilde vinden. De kerstster glimlachte en zei: "Maak je geen zorgen, Lotje. Ik zal je naar huis brengen."

De kerstster nam Lotje zachtjes bij de poot en steeg op in de lucht. Ze vlogen hoog boven de besneeuwde bomen en over glinsterende meren. Lotje voelde zich veilig en gelukkig bij de kerstster.

Uiteindelijk daalden ze neer bij de rand van het bos, waar Lotjes familie zich zorgen maakte over haar verdwijning. Toen ze Lotje zagen, sprongen ze van vreugde en omhelsden haar.

De kerstster glimlachte en steeg opnieuw op naar de hemel. Voordat ze verdween, beloofde ze dat ze altijd over Lotje en haar familie zou waken.

Lotje en haar familie vierden Kerstmis met dankbaarheid in hun warme konijnenhol. Ze wisten dat Kerstmis niet alleen draaide om geschenken en lichtjes, maar ook om de liefde en zorg voor elkaar.

The Magical Christmas Star and the Lost Bunny

In a peaceful forest covered with a thick layer of glistening snow, the animal kingdom was getting ready for Christmas. The animals were busy with their preparations for the grand feast, and a magical atmosphere filled the air.

But somewhere at the edge of the forest, hidden beneath a thick blanket of snow, sat a lost bunny named Lotje. Lotje had become lost during a snowstorm and didn't know how to find her way back home. She felt lonely and scared in the cold, dark night.

Just at that moment, a brilliant Christmas star appeared in the sky. The star shone brighter than all the others and seemed to give Lotje a sign of hope.

The Christmas star descended gently and approached Lotje. It whispered words of encouragement and asked, "What's wrong, dear little bunny?"

Lotje told the Christmas star about her lost situation and how much she wanted to find her family again. The Christmas star smiled and said, "Don't worry, Lotje. I will take you home."

The Christmas star gently took Lotje by the paw and ascended into the sky. They flew high above the snowy trees and over glistening lakes. Lotje felt safe and happy with the Christmas star.

Eventually, they descended at the edge of the forest, where Lotje's family had been worried about her disappearance. When they saw Lotje, they jumped with joy and embraced her.

The Christmas star smiled and ascended into the sky again. Before it disappeared, it promised to watch over Lotje and her family always.

Lotje and her family celebrated Christmas with gratitude in their warm rabbit hole. They knew that Christmas was not just about gifts and lights but also about love and care for one another.

Het Kerstavontuur van Rudolf

Diep in het betoverende Winterwoud woonde Rudolf, een jong en nieuwsgierig rendier. Rudolf had een bijzondere eigenschap - zijn neus glinsterde helderder dan elke andere neus in het woud. Zijn fonkelende neus was rood, als een glanzende kerstbal.

Kerstmis was Rudolfs favoriete tijd van het jaar. Hij hield van de geur van dennenbomen, de knapperigheid van de sneeuw onder zijn hoeven en het geluid van vrolijke kerstliederen die door het woud klonken.

Op een koude, heldere avond, terwijl Rudolf over de besneeuwde heuvels liep, zag hij iets glinsteren tussen de bomen. Het was een betoverende sneeuwvlok die zachtjes naar beneden dwarrelde.

Rudolf volgde de betoverende sneeuwvlok terwijl deze door de lucht danste. De sneeuwvlok leidde hem naar een geheime plek in het woud, waar een groepje vogels kerstliederen zong.

De vogels begroetten Rudolf met vreugde en vroegen hem om mee te zingen. Rudolf aarzelde niet en voegde zich bij het koor. Zijn fonkelende neus scheen als een ster terwijl hij de prachtige liederen zong.

Samen met de vogels zong Rudolf de mooiste kerstliederen en deelde hij warme chocolademelk en koekjes. De betoverende sneeuwvlokken zweefden om hen heen, als een magische dans.

Na het feest besefte Rudolf dat hij een magische kerstervaring had gehad dankzij de betoverende sneeuwvlok. Hij bedankte de vogels en keerde terug naar huis.

Op Kerstavond, toen de maan hoog aan de hemel stond, zag Rudolf de betoverende sneeuwvlok opnieuw. Deze keer bracht de sneeuwvlok een glinsterend cadeau. Het was een sjaal om Rudolf warm te houden tijdens de koude nacht.

Rudolf besefte dat Kerstmis niet alleen ging om cadeautjes, maar ook om vriendschap en de magie van de natuur. Hij wist dat hij de betoverende sneeuwvlok en de vogels voor altijd in zijn hart zou dragen.

Rudolf's Christmas Adventure

Deep within the enchanting Winter Forest lived Rudolf, a young and curious reindeer. Rudolf had a special feature - his nose sparkled brighter than any other nose in the forest. His twinkling nose was red, like a shiny Christmas bauble.

Christmas was Rudolf's favorite time of the year. He loved the scent of pine trees, the crunch of snow beneath his hooves, and the sound of cheerful Christmas carols echoing through the forest.

On a cold, clear evening, as Rudolf roamed over the snowy hills, he spotted something glistening among the trees. It was an enchanting snowflake gently drifting down.

Rudolf followed the enchanting snowflake as it danced through the air. The snowflake led him to a secret spot in the forest where a group of birds were singing Christmas carols.

The birds welcomed Rudolf with joy and invited him to sing along. Rudolf didn't hesitate and joined the choir. His sparkling nose shone like a star as he sang the beautiful songs.

Together with the birds, Rudolf sang the most wonderful Christmas carols and shared hot chocolate and cookies. The enchanting snowflakes twirled around them like a magical dance.

After the celebration, Rudolf realized that he had experienced a magical Christmas thanks to the enchanting snowflake. He thanked the birds and returned home.

On Christmas Eve, when the moon stood high in the sky, Rudolf saw the enchanting snowflake again. This time, the snowflake brought a sparkling gift. It was a scarf to keep Rudolf warm during the cold night.

Rudolf realized that Christmas wasn't just about presents but also about friendship and the magic of nature. He knew he would carry the enchanting snowflake and the birds in his heart forever.

www.ingramcontent.com/pod-product-compliance
Lightning Source LLC
Chambersburg PA
CBHW050614160726
48003CB00003B/1189